散裝貨物海上運送人責任之研究

邱 錦 添 著

文史哲出版社印行

國家圖書館出版品預行編目資料

散裝貨物海上運送人責任之研究 / 邱錦添著. -
- 初版. -- 臺北市 ： 文史哲，民 86
　　面 ；　公分
參考書目:面
ISBN 957-549-078-9 (平裝)

1. 海商法

587.6　　　　　　　　　　　　　　86005593

散裝貨物海上運送人責任之研究

著　　　者：邱　　　　錦　　　　添
出　版　者：文　史　哲　出　版　社
登記證字號：行政院新聞局局版臺業字五三三七號
發　行　人：彭　　　正　　　雄
發　行　所：文　史　哲　出　版　社
印　刷　者：文　史　哲　出　版　社
　　　臺北市羅斯福路一段七十二巷四號
　　　郵撥〇五一二八八一二　彭正雄帳戶
　　　電話：（〇二）三五一一〇二八
　　　實價新臺幣一二〇元

中　華　民　國　八　十　六　年　五　月　初　版

散裝貨物海上運送人責任之研究
目　次

散裝貨物海上運送人責任之研究

第一章　研究之緣起

　　緣民國六十年代中期，臺灣實務上發生為數不少的散裝貨運送損耗的損害賠償案件，所謂散裝貨運送係指運送人或託運人未將貨物預行裝入貨箱，而以散裝輪通艙或隔成定量小艙，逐將貨物往船艙卸置，迨抵目的港再利用吸穀機或抓斗卸載貨物。此種運送方式毋庸準備價昂之貨櫃，雖可降低營運成本，然於卸載時每每發生散裝貨物短少的情形，導致船方、貨主間爭執，甚至對簿公堂，對此散裝貨自然損耗之合理比率及運送人責任等問題，雙方各援引法令、慣例爭論不休，船公司依據船運實務，謂海運業務，噸量龐大，越洋過海，為時諾久，無論在貨物之質地、噸位之計算上，因受航途中氣候之變化，裝卸之方法，噸量之計量，正常之損耗在所難免，辯稱船公司難以負責；而託運人則為貨載可能發生損耗，但也可能不發生損耗，如無確實憑據，運送人不能主張免責。

　　臺灣海商法乏如美國海上貨物運送條例第十一條之明文，故法院間對於此自然損耗，運送人須否負責之法律見解殊多歧異，有認㈠否定說：認散裝貨物運送的自然損耗乃海上運

送所難免，衡之一般情理，在某範圍內之短少，應認為非運送人或其代理人對海商法第一百零七條之注意及處置有欠缺所致者，運送人在該範圍內短少之重量，應不負賠償責任。或有認㈡肯定說：依海商法第一百十三條第十四款，耗損必須「因貨物之瑕疵、變質或病態所致分量、重量之耗損」始可免責，若因其性質造成之自然耗損不在該條款之範圍，運送人欲免責須依同條第十七款舉證本人及履行輔助人均無過失始可免責。是故實務上於六十七年第四次民庭庭推總會作成六項決議前，法院間並無統一之法律見解，判決結果更是各據其說，莫衷一是。筆者曾代理船公司應訴與彙整過去承辦之實際案例後，茲提筆探討類此散裝貨自然損耗運送人之責任，藉此拋磚引玉，盼衮衮諸公們早日完成修法，俾利我國國際貿易及航運之發展。

第二章　海上運送契約

　　海商法係以海上運送爲中心之一種商事法，所謂海上運送契約者，爲當事人之一方（運送人）以其船舶在海上運送貨物或旅客，而由他方（託運人）給付相當報酬（運費）之契約。貨物運送契約之當事人，通常可分成三種運送人——所謂運送人，係指依照運送契約，以自己名義，負實施運送義務之人。

　　託運人——係指託運貨物之人，依運送契約負有支付運費之義務。

　　艤裝人——爲本於他人所訂之運送契約，將貨物交付運送人或船長運送之人。

　　受貨人——係指有權由運送人領取貨物之人。

　　海上運送契約爲臺灣海商法中相當重要之部份，惟本文僅就有關散裝貨運送損耗之損害賠償責任問題著墨略析論之。

第一節　載貨證券

壹、概　說

　　載貨證券，通常船長或運送人之代理人所發給，證明收

到特定之貨物，承諾將貨物運送至特定之目的地並交付於受貨人之書證，應於貨物裝載後因託運人之請求，由運送人或船長發給，亦可由船舶所有人自己或委由其代理人發給之（註一）。載貨證券以交付託運人經其接受而生效力。運送契約成立後發給載貨證券者，契約之內容即以載貨證券之所載為準；託運人接受載貨證券後，關於券上所載之通常條款，推定其已予同意。

臺灣海商法第一〇五條：「運送契約或載貨證券，記載條款、條件或約定，以免除運送人或船舶所有人對於因過失或依本章規定應履行之義務而不履行，致有貨物毀損滅失之責任者，其條款、條件、約定不生效力」。

所謂義務之免除，指有利於運送人之特別條款而言；若在法律所許可之範圍內，列舉其通常不負責之條款，自不在此限。但若為非屬尋常之條款，而在海商法第一〇六條、第一〇七條列舉情形以外者，則應由運送人證明託運人曾予同意；於有疑義時，縱經明示同意，仍應作有利於託運人之解釋（contra proferentem），蓋貨物交運後，所有人即失其管領力，而聽由運送人支配，倘可許其任意限制或免除責任者，則託運人之利益失所保障，流弊滋多，不可不預為防止也。（註二）

貳、內　容

一、載貨證券，依海商法第九十八條之規定，應載明下列各款事項，由運送人或船長簽名：

1. 船舶名稱及國籍

   在有代船條款之約定之場合，在所載約定船舶名稱之後，並得另加「或替代船舶」之類之文句。

2. 託運人之姓名、住所

   臺灣海商法所要求者爲「託運人」之姓名、住所，而非艤裝人之姓名及住所。

3. 依照託運人書面通知之貨物種類、品質、數量、情狀、及其包皮之種類、個數及標誌。

   此處所涉及者爲貨物之描述，爲載貨證券記載中重要事項之一，運送人負有按照載貨證券記載交付貨物之義務，但貨物描述之記載，以運送人能核對爲前提，故海商法第九十八條第二項特設例外之規定：「前項第三款之通知事項，如與所收貨物之實際情況有顯著跡象，疑其不相符合，或無法核對時，運送人或船長得不予載明。」

4. 裝載港及目的港

   係指貨物之裝載港及目的港，此記載在FOB及CIF買賣時，關係到出口商是否依約履行之問題。

5. 運費

   係指運費支付之方式，究爲「已收」（Freight paid）或「待收」（Freight collect）？

6. 載貨證券之份數

   此項記載可供船長決定在中途港取貨時，應行收回之份數。

7. 填發載貨證券之年、月、日

此項應與貨物裝船（裝船載貨證券）或收受（收載載貨證券及陸地裝載載貨證券）之日期相同。

8. 載貨證券之簽名

載貨證券應由運送人或船長簽名，此為海商法第九十八條所明定，但運送人或船長得依一般法律行為之原則，以授權之方式，由他人代理簽名。在船長簽名時，如未表明運送人為何人或所表明之運送人並非真正的運送人時，「船舶所有人」應負載貨證券義務履行之責任，至於真正之運送人亦應負載貨證券義務履行之責任。（註三）

二、「據告重」（said to weigh）、「據告稱」（said to be）之問題。「據告重」、「據告稱」為載貨證券上有關件數、重量之記載有異於清潔載貨證券，其效力如何，見解紛歧，特說明如後：

1. 臺灣交通部航政司：「稱此乃指習慣上散裝貨運送時所採用，在表示該貨物未見其經稱量，而係據他人所告。而中外法令，並無禁止運送人或船長於貨物裝船時，親視其稱量之規定；且依臺灣海商法第九十八條第一項第三款及第二項之規定，運送人或船長對於託運人書面通知之貨物種類、品質、數量等情況有顯著跡象，疑其不相符合或無法核對時，得不予載明載貨證券；倘仍予記載，即須依同法第一一一負責，且不得以託運人之通知不正確為由，限制其載貨證券之責任，

對抗託運人以外之第三人。」此見解更爲最高法院六十五年台上字第二九一〇號判決所支持。

2. 臺灣最高法院：最高法院六十六年台上字第二九七一號民事判決曾主張，根據第三人稱量之重量裝載之載貨證券，運送人或船長對於大宗散裝貨物又無精密之測量儀器爲核對，自難使其負正確性之保證責任。嗣後最高法院改變見解，謂「本案兩造當事人均爲本國法人，因履行運送關係發生糾紛，一切權益關係，自應悉依本國法律爲斷，無適用美國法律之餘地。」載貨證券既依「據告稱」、「據告重」而載明其重量，即非未載重量，既載重量，即應依載貨證券負其責任。該見解亦爲六十七年四月二十五日最高法院第四次民庭總會決議所採。（註四）

3. 外國法例：依美國海上貨物運送條例第十一節，一九三六年加拿大水上貨物運送條例緒言第六節，一九二四年英國海上貨物運送條例第五節規定：「散裝貨重量，係依照商業習慣，由運送人或託運人以外之第三人所確定或承認之重量，載明於載貨證券者，不論本條例有否相反之規定，不得認作運送人已依照載貨證券記明之重量收受貨物之表面證據，亦不得認作託運人對於裝貨之重量保證其正確無訛。」此係美國海上貨物運送條例保留條款之特別規定。即在散裝貨運過程中，載貨證券簽發時常是根據託運人之陳述，運送人通常會註明「託運人稱重」或「重量不知」等類似

字樣，美國在海上貨物運送法實施後，法院認爲如此已構成貨物重量的表面證據。

叁、載貨證券記載不實之責任

載貨證券爲運送人或船長於貨物裝載後，因託運人之請求而發給之文件，運送人或船長因過失致載貨證券記載不實所應負之責任，因其負責對象之不同，其責任依據，隨之而異：

1. 對於託運人而言

   運送人應依一般債務法上所謂之「積極契約違反」之原則，負損害賠償責任。

2. 對載貨證券持有人而言

   運送人應依「締約過失」之原則，負損害賠償責任。關於損害賠償之範圍，運送人所應賠償者，爲託運人或載貨證券持有人之消極利益（negatives Interesse），亦即信任利益（Vertrauen sinteresse），而非積極利益（positives Interesse），運送人就所應賠償之數額，並不得主張海商法第一百十四條第二項所定之單位限制責任。惟其性質仍屬海上債務，分別有船舶所有人限制責任及船舶優先權規定之適用。（註五）

   關於運送人之免責，應依債務法上一般之原則，證明載貨證券之記載並無過失，海商法第一百十三條關於特殊免責事由，運送人並不得主張之。且依海商法第

九十九條第二項之規定，載貨證券記載不實如係因託運人通知不實所致者，運送人並不得以之對抗託運人以外之第三人。

第二節　散裝貨運送人載運之責任

壹、運送人免責事由

依臺灣海商法第一百零七條規定：「運送人對於承運貨物之裝卸、搬移、堆存、保管、運送及看守，應爲必要之注意及處置」，倘運送人違反此規定，對於貨物之處理不爲必要之注意及處置，致有毀損、滅失者，應負賠償責任。如貨物之毀損滅失係運送人之履行輔助人所致者，運送人亦須負責。

運送人主張免責之事由，有以下二種情形：

一、一般之免責事由

依臺灣海商法第一百零七條之規定：「運送人對於承運貨物之裝卸、搬移、堆存、保管、運送及看守，應爲必要之注意及處置」，即運送人僅負過失責任，故在貨物發生毀損滅失時，運送人舉證自己及其履行輔助人對於貨物之處理，已爲必要之及處置，亦即無過失之情形，可主張免責。而運送人所爲「必要之注意及處置」之程度，應按貨物之種類、船舶之構造、航行之路線及氣候等情況，分別判斷之。（註六）

二、特殊之免責事由

臺灣海商法第一百十三條明文規定運送人特殊之免責事由，運送人僅須證明損害之發生係因法律所定特殊免責事由而致即可，並無須同時證明自己及其履行輔助人並無過失。臺灣海商法所規定之特殊免責事由如下：

1. 航行技術上之過失及船舶管理上之過失。
2. 失火。
3. 海上或航路上之危險或意外事故。
4. 天災。
5. 戰爭。
6. 暴動。
7. 公共敵人之行為。
8. 依法之拘捕、扣押、管制、徵用或沒收。
9. 檢疫限制。
10. 罷工或其他勞動事故。
11. 救助或意圖救助海上人命或財產。
12. 包裝不固。
13. 標誌不清或不符。
14. 因貨物之瑕疵，變質或病態所致分量、重量之耗損、毀損或滅失。
15. 貨物所有人、託運人或其代理人之行為或不行為。
16. 船舶雖注意仍不能發現之隱有瑕疵。
17. 非由於運送人或船舶所有人之故意或重大過失，或其代理人，受僱人之過失所發生之毀損或滅失。

貳、運送人對貨物正常損耗之責任

按在外國法院，爲衡平計，正常損耗之原則常常被援用。他們認爲：許多貨物在正常運送中，有經常損失或正常的損耗，運送人對此可不負責任。例如在加拿大，咸認紙袋水泥，可有千分之五的運送破損率；在法國則認爲袋裝貨物在運送途中有百分之四至百分之五的預期損害，牛油獸脂則有千分之二五之正常損失等，在此範圍內，均視爲正常損耗，運送人對之並不負損害賠償責任。

美國紐約中南地方法院指出：正常損耗係屬美國海上貨物運送條例第一章第四節第二項第十三款規定：「散裝貨或分量之耗損，或其他因貨物之內在瑕疵、性質所致之毀損滅失」之免責事由。

反觀臺灣海商法第一百十三條雖係參照美國海上貨物運送條例第一章第四節第二項修正，但十四款卻規定：「因貨物之瑕疵，變質或病態所致分量、重量之耗損、毀損或滅失。」未及「散裝貨」，且又無正常損耗率之規定，以致臺灣法院遲遲未以海商法第一百十三條第十四款爲正常損耗免責之依據。

臺灣最高法院六十七年四月二十五日第四次民庭推總會決議，則承認散裝貨之「自然損耗」及「磅差」，認「在某種範圍內之短少可認爲非因運送人或其代理人、受僱人對於承運貨物之裝卸、搬移、堆存、保管、運送及看守，依海商法第一百零七條應爲之注意及處置，有所欠缺者，運送人就該範圍內短少之重量，應不負賠償責任。」以資減輕運送人

依載貨證券應負之文義責任。惟有關機關遲未制定「正常損耗率」，且決議內容對法院並無拘束力，法院審理類此案件時，雖多順應潮流承認散裝貨正常損耗之問題，卻只有援引法律原則，例如最高法院六十七年台上字第一五五號判決：「依海商法成立之貨物運送契約，與依民法成立之貨物運送契約，其運送人之賠償責任不同。此就海商法第一百十三條與民法第六百三十四條對照觀之甚明。本院四十九年台上字第七一三號判例，非可當然適用於海商法上之運送人。原審基於事實審法院採證認事之職權，以系爭散裝小麥之運送，因衡器誤差，自然損耗，或其他不明瞭之原因，以致發生某種程度之短少，依公平及誠信原則，認為不能責由輪船公司賠償，允無可議。此係散裝貨之運送人，就客觀上無法避免之某種程度短少，應否負責賠償之問題；而非該運送人於載貨證券就重量為『據告』之記載後，是否不論短少多少，均可不負賠償責任之問題。」然援用法律原則時，在何範圍內認為係正常損耗，運送人可不負責？則有賴修正相關法規，以止紛爭。

【附　註】

註一　桂裕　海商法新論　第三四八頁　（六十六年五月）

註二　同前註　第三五〇頁

註三　施智謀　海商法　第二四四頁　（七十五年七月）

註四　張東亮　海商法新論　第三一五頁　（七十二年七月）

註五　施智謀　海商法　第二一三頁

註六　同前註　第二〇二頁

第三章　國際海上運送散裝貨免責規定之立法例

第一節　一九二四年海牙規則（即一九二四年載貨證券規則國際公約）

一、定義：海牙規則第一章即開宗明義的規定：

本公約內用語之意義如左：

㈠「運送人」包括與託運人訂立運送契約之船舶所有人或傭船人。

㈡「運送契約」僅指以載貨證券或有關海上貨物運送之同性質之權利文件所爲之運送契約；包括依照傭船約所簽發之載貨證券或上述之同性質文件，但自是項載貨證券或同性質文件管制運送人與該證券或文件持有人間之關係之時起算。

㈢「貨物」包括物品、製造品、商品及除有生命的動物暨依運送契約裝載於甲板上並如此載運貨載以外之各種物件。

㈣「船舶」指用於海上運送貨物之任何船舶。

㈤「貨物運送」包括自貨物裝載上船至貨物自船舶卸載之期間。

二、說明：海牙規則第三條規定：

㈠運送人於發航前及發航時，應就左列事項爲必要之注

意：

　　1.使船舶有堪航能力；

　　2.適當配置船舶之海員、設備及供應；

　　3.使貨艙、冷藏室及所有供載運貨物之船舶其他部分，就貨物之受載、運送及保存，爲適宜並穩妥。

㈡除第四條另有規定者外，運送人應適當並注意地裝載、搬移、運送及保管、看守並卸載所承運之貨物。

㈢運送人或船長或運送人之代理人收受貨物後，因託運人之請求，應發給載貨證券。該載貨證券載明之事項中應包括：

　　1.爲識別貨物所必要之主要標誌。是項標誌應與託運人於裝載開始前提供者相同，但以是項標誌係印於或以其他方法明確顯示於未經包裝之貨物或經包裝貨物之箱皮或包皮上，並能保持清晰易辨直至航行終了者爲限；

　　2.依其情形，託運人書面所提供之包或件之個數、或數目或重量；

　　3.貨物之外表情況狀態。

但運送人、船長或運送人之代理人有正當理由，對於任何標誌、個數、數目或重量，疑其與實際收受之貨物並不正確者，或無合理之方法予以核對者，得不予載明於載貨證券。

㈣此項載貨證券應作爲依照前節1.2.及3.三項所記載之貨物已經運送人收受之表面證據。

㈤託運人應視爲已向運送人保證其所提供之標誌、個數、

數目或重量在裝運時之正確。託運人並應賠償運送人因是項提供項目之不正確所致或所生之一切損失、損害及費用。

前項運送人請求賠償之權利，不得用以限制運送人依載送契約對託載人以外之其他人所負之責任及義務。

㈥除非滅失或損害及滅失或損害大概性質之通知，於貨物移轉於依照運送契約有受領權人保管之下以前或當時，或於三日內如滅失或損害為不顯著者，以書面送達運送人或其在卸載港之代理人，則是項移轉應為運送人已依照載貨證券記載交付貨物之表面證據。

如貨物之情況於受領時業經共同檢驗及檢查者，書面通知可不必為之。

在所有情形下，除非訴訟於貨物交付或應行交付之日起一年內提起，運送人及船長應予解除所有關於滅失或損害之責任。

貨物實際有或疑有滅失或損害者，運送人及受貨人應各予他方以檢查及查點貨物之便利。

㈦貨物裝載後，運送人、船長或運送人之代理人，因託運人之請求，發給託運人之載貨證券，應為一「裝船」載貨證券。但如託運人已事前取得是項貨物之任何權利文件者，託運人應將此項文件繳還以換取「裝船載貨證券」。此際，依運送人之選擇，此項權利文件得於裝載港由運送人、船長或其代理人，將業經裝載該貨物之船名、裝載日期加以註明；此項權利文件若經如此註明，如並載明第三條第三節所述之事項，應就本條之目的視為已構成一「裝船」載貨證券。

㈧運送契約內任何條款、條件或約定，免除運送人或船舶因疏忽、過失或本條所規定責任及義務之未履行所生對於貨物或與之有關之滅失或損害之責任者，或於本公約規定之外限制上述責任者，均屬無效。保險契約利益屬於運送人或類似之條款應視爲免除運送人責任之條款。

三、免責規定：海牙規則第四條規定：

㈠因船舶無堪航能力所生或所致之滅失或損害，除係由於運送人方面欠缺必要之注意，未依第三條第一項之規定，使船舶有堪航能力，確使船舶配置以適當之海員、設備及供應，並使貨艙、冷藏室及所有供載貨物之船舶其他部分就貨物之受載、運送及保存爲適宜並穩妥者外，運送人或船舶均不負責任。因船舶無適航性致有滅失或損害時，運送人或其他以依本條規定主張免責者，應就已爲必要注意之事實，負舉證之責。

㈡因左列事由所生或所致之滅失或損害，運送人或船舶均不負責任：

1. 船長、海員、引水人或運送人之受僱人於航行上或船舶管理上之行爲、疏忽或過失。
2. 火燒，但係由於運送人之實際過失或知情者不在此限。
3. 海上或其他可供航行水面之危險或意外事故。
4. 天災。
5. 戰爭行爲。
6. 公共敵人之行爲。

7.君主、統治者或人民之拘捕或管制或依法律程序之扣押。

8.檢疫限制。

9.託運人或貨物所有人或其代理人或代表之行為或不行為。

10.罷工、停工、勞動之中止或限制，不論其由於何原因，亦不論其為局部或全面者。

11.暴動及民變。

12.救助或意圖救助海上人命或財產。

13.因貨物之固有瑕疵、性質或缺點所生之體積或重量之消耗或其他滅失或損失。

14.包裝不固。

15.標誌不充足或不適當。

16.經充分注意仍不能發現之隱有瑕疵。

17.非因運送人之實際過失或知情，或非因運送人之代理人或受僱人之過失或疏忽，所生之其他事由；但主張本款免責之利益者，應負舉證之責，證明滅失或損害既非歸因於運送人之實際過失或知情，亦非歸因於運送人之代理人或受僱人之過失或疏忽。

㈢運送人或船舶所受之滅失或損害非由於託運人、其代理人或其受僱人之行為、過失或疏忽所生者，託運人不負責任。

㈣為救助或企圖救助海上人命或財產之變更航程，或任何合理之變更航程，不得視為本公約或運送契約之違反或破

裂；因此所致之任何滅失或損害，運送人不負責任。

㈤對於貨物或與貨物有關之滅失或損害，運送人及船舶在任何情形所負之賠償責任，就每件或每單位，應不超過一百英鎊或等值之其他貨幣之金額。但貨物之性質及價值於裝運前已經託運人聲明並記載於載貨證券者，不在此限。

前項聲明，如經記載於載貨證券上，應為表面證據，但對於運送人並無拘束力或確定性。

運送人、船長或運送人之代理人得與託運人以契約另行訂定最高賠償額，但是項最高額不得低於前開之金額。

載貨證券所列貨物之性質或價值如係託運人故意虛報者，運送人或船舶對於該貨物或與該貨物有關之滅失或損害不負責任。

㈥貨物具有易燃性、易暴性或危險性，如運送人，船長或運送人之代理人知悉其性質或特性即不同意予以裝運者，得於卸載前任何時間，在任何地點，予以起陸，或予以毀滅，或使變為無害，而不負賠償責任。所有因此項貨物之裝運直接或間接所生或所致之損害及費用，託運人並負賠償之責。若此類貨物，其性質係經知悉，經同意予以裝運者，對於船舶或其貨載有危險時，運送人仍得於任何地點予以起陸，或予以毀滅，或使變為無害，運送人除係由於共同海損者外亦不賠償責任。

第二節　一九七八年漢堡規則（即一九七八年聯合國海上貨物運送公約）

一、定義：漢堡規則第一條規定：

本公約內用語之意義如左：

㈠稱「運送人」者，指由自己或以自己之名義與託運人訂立海上貨物運送契約之人。

㈡稱「實際運送人」者，指受運送人及與受其委託之他人之委託而實際履行貨物運送之全部或一部之人。

㈢稱「託運人」者，指由自己或以自己之名義或以代理人之名義，與運送人締訂貨物運送契約之人，或任何由自己或以自己之名義，或以代理人之名義，將貨物實際交付與海上貨物運送契約運送人之人。

㈣稱「受貨人」者，指有權受領貨物之人。

㈤稱「貨物」者，包括有生命的動物；貨物如係拼裝於由託運人供給之貨櫃、墊板、或類似之運輸容具內，或以之為包裝者，則貨物一詞，應包括此等容器或包裝。

㈥稱「海上貨物運送契約」者，指運送人在受運費支付之條件下，承擔貨物自一港口至另一港口之海上運送義務之契約。如一契約同時涉及海上運送及其他方法之運送時，則該契約僅於有關海上貨物運送之範圍內，為本公約所指之海上貨物運送契約。

㈦稱「載貨證券」，指海上貨物運送契約證明文件及運送人受領或裝載貨物之證券，且於繳還該證券下，運送人負有交付貨物之義務。證券上記載貨物應向所載之人、指示人、持有人為交付者，運送人交付貨物之義務即行發生。

㈧稱「書面」者，包括電報和電報交換或其他。

二、**載貨證券之內涵**：漢堡規則第十五條規定載貨證券之內涵：

(一)載貨證券，應載明左列事項：

1. 貨物之一般性質、辨明貨物所必需之主要標誌，並應明確記載貨物之危險性質，包裝之件數或個數、貨物之重量或其他方法表示之數量，及所有由託運人聲報有關之法定記載項目。

2. 貨物之外表情況。

3. 運送人之名稱及主事務所所在地。

4. 託運人之名稱。

5. 託運人指定受貨人時，其名稱。

6. 海上運送契約所指定之裝載港及交運貨物日期。

7. 海上運送契約所約定之卸貨港。

8. 載貨證券原本超過一份時，其份數。

9. 載貨證券之簽發地。

10. 運送人或其代理人之簽名。

11. 運費由受貨人負擔之範圍或其他指示由受貨人應付運費之文句。

12. 依第二十三條第三項所為之聲明。

13. 如貨物須裝載於甲板或可能裝載於甲板之情形，其聲明。

14. 如雙方明示約定貨物運抵卸貨港之期日，該約定之日期或期間。

15. 依第六條第四項所同意之任何提高責任限制，其同

意之內容。

㈡貨物裝船後，因託運人之請求，運送人須簽發「裝船」載貨證券予託運人，除記載本條第一項所規定之事項外，並應註明貨物已裝載於指定之船舶及其裝載日期。如先前已簽發載貨證券或其他有關該貨物之權利文件予託運人時，運送人得請求託運人返還上述證券或文件，以換發裝船載貨證券。運送人得修改先前簽發之文件以符合託運人裝船載貨證券之要求，其修改後之文件須含「裝船」載貨證券所應記載之各事項。

㈢載貨證券欠缺記載本條所規定事項中之一項或數項時，並不影響該載貨證券之合法性，惟其必須符合第一條第七項之規定。

三、載貨證券保留文句和證據效力：漢堡規則第十六條就載貨證券保留文句和證據效力為明確之規定：

㈠運送人或代理其簽發載貨證券之人，因載貨證券內有關貨物之一般性質、主要標誌、包裝件數或個數、重量或數量等法定事項之記載，明知或有合理之理由懷疑與實際受領之貨物，並不相符，運送人或其上述之代理人應於裝船載貨證券內註記保留文句，表明此一不相符之事實，懷疑之理由或無法以適當方法核對之事實。

㈡運送人或代理其簽發載貨證券之人，怠於載貨證券上註明貨物之外表情狀，應認其已於載貨證券上註明貨物外表情狀良好。

㈢除依本條第一項對於各法定記載事項及其效力範圍註
記保留文句者外：

 1.載貨證券為推定運送人依該載貨證券之記載而為收
 受貨物。如為裝船載貨證券者，推定運送人已依證
 券記載裝載貨物。

 2.載貨證券已轉讓於包括受貨人在內之善意且信賴其
 記載之第三者時，運送人不得提出反證。

㈣載貨證券未依第十五條第一項⒦款記載運費事宜或其
他有關運費由受貨人負擔之指示事宜，或未記載裝載港之遲
滯費由受貨之負擔者，則推定受貨人無須支付運費或該遲滯
費。如載貨證券欠缺上開法定事項之記載者，該證券已轉讓
於包括受貨人在內之善意且信賴其記載之第三者持有時，運
送人不得提出反證。

四、託運人之擔保：漢堡規則第十七條規定：

㈠託運人就交運貨物有關之貨物一般性質、其標誌、個
數、重量或數量等法定記載事項之聲報而登載於載貨證券者，
視為對運送人擔保該記載正確無訛。其因聲報不正確所致之
一切損失，由託運人負賠償責任。託運人雖轉讓載貨證券於
他人，仍應依上述規定負責。運送人對託運人之求償權，不
得以之限制其因海上貨物運送契約之責任，對抗託運人以外
之第三人。

㈡補償狀或協議書載明：運送人或代理其簽發載貨證券
之人，對託運人聲請事項不於載貨證券上註記保留文句，或
對貨物之外表情狀不加批註，因而所受任何之損失由託運人

負責補償者，則該補償狀或協議書對於包括受貨人在內之受讓載貨證券之第三人不生效力，且不得與之對抗該第三人。

㈢上開補償狀或協議書除因運送人或代理其簽發載貨證券之人省略本條第二項保留文句之註記，係爲意圖詐欺，包括受貨人在內之第三人及信賴其記載眞實而作爲之載貨證券受讓人者外，得以之對抗託運人。上述除外之情況，如係對託運人聲報事項應爲保留文句之註記而省略者，運送人不得依本條第一項向託運人求償。

㈣於本條第三項規定之意圖詐欺之情況下，運送人須對包括受貨人在內之第三人，因其信賴記載眞實而作爲所致之損失，負賠償責任，且不得主張本公約有關（運送人）責任限制之利益。

第三節　一九三六年美國海上貨物運送條例

一、定義：美國海上貨物運送條例第一節規定：

本條例所稱

㈠「運送人」者，係指船舶所有人或傭船人與託運人訂立運送契約而言。

㈡稱「運送契約」者，謂提單或關於海上貨物運送之類似權利證書，包括傭船人用以確定運送人與證書持有人之關係而塡給之提單或類似證書。

㈢稱「貨物」者，謂貨物、器皿商品及一切物件，但動物及運送契約載明裝在甲板上貨物，不在其內。

㈣「船舶」係指用於海上運送貨物之船舶而言。

㈤稱「運送貨物」者,謂自貨物裝船時起至船卸載後止。

二、責任與義務:美國海上貨物運送條例第三節規定:

㈠在發航前及開始時,運送人應使用相當注意。

 1.使船舶有安全航海之能力。

 2.配置相當船員設備及船舶之供應。

 3.使貨艙冷藏庫室及其他載貨部份適合於受載、運送、保存。

㈡運送人應謹慎裝載,搬移、堆存、運送、保管、看守及卸載貨物。

㈢收受貨物後,運送人或船長,或運送人之代理人,因託運人之請求應填給載貨證劵(簡稱提單)記載下列事項:

 1.依照託運人於貨物裝載前書通知用以識別之主要墨碼,該項墨碼應顯明表示於未經包裝之貨物上,如貨物裝箱或裝包,其箱子或包皮上,並使不易塗滅,易於識別,以迄航海完成。

 2.依照託運人書面通知之包數、件數、分量、或重量。(譯者按,以上四者,我海商法譯為「數量」。)

 3.貨物之表面完好情況:但如有正當理由、認為通知之墨碼、數目、分量、或重量,與其所收受之貨物實際情狀,可疑其不相符合,或無法核對時,運送人、船長或運送人之代理人,得不記載於提單上。

㈣依照第三條第一、二、三項之規定填發之提單,視作

表面之證據（即如無反證，即可成立之證據）證明貨物已照提單所記載由運送人收受。

本條例之規定不得解作對於「保美倫」提單法案（Penerene Bills of Lading Act）（即一九一六年通過施行之各洲間，及國外貿易，關於提單之條例）任何部份有所修改，或限制。

㈤託運人關於裝貨時貨物之墨碼、數目、分量、重量之通知，應向運送人保證其證券正確無訛，因通知不正確所發生或所致之一切喪失毀損及費用由託運人負賠償責任，但運送人對於該項賠償請求權，不得以之限制其提單之責任義務，對抗託運人以外之第三者。

㈥依提單有受領運送物權利之人，除在卸載港於提貨前，或當時將喪失毀損及其性質，書面通知運送人者外，貨物一經提出，視作運送人已依照提單所記載將貨物交付之表面上證據，但喪失毀損不顯著者，應於提貨後三日內，書面通知之。

提貨人得於提貨時，在收受貨物證書上，背書註明喪失或毀損，以代通知。

收受時貨物已經共同檢驗，或查驗者，得不以書面通知貨物之情狀。

貨物提取後，或自應提取之時起算，一年內不提起訴訟者，運送人對於喪失毀損之賠償責任免除之，但雖不依本節規定，通知顯明或隱藏之喪失毀損者，託運人仍有自提貨後，或應提貨日起，一年內提起訴訟權

不受影響。

不論喪失毀損已否確實，或有發生喪失毀損之虞時，運送人與受貨人應相互儘力與對方查驗檢點之便利。

(七)運送人、船長或運送人之代理人，於貨物裝載後，所填發之提單，因託運人之請求應作成「已裝貨之提單」，託運人已取得其他權利證書，應於「已裝貨之提單」填發後，交還之該項權利證書如經運送人船長或代理人，在艤載港背書註明裝載該貨之船名，及裝載日期，其效力視同「已裝貨之提單」。

(八)運送契約記載款條件或約定，以免除運送人或船舶對於因不注意，過失或本條例規定應履行之義務而不履行，致貨物喪失毀損之責任者，其條款條件約定不生效力。

約定為運送人利益保險者，或其他類似之條款，視同免除運送人義務之條款。

三、權利與免責：美國海上貨物運送條例第四節規定：

(一)除運送人未依第三節第一款之規定，使用相當注意力，使船舶有安全航海能力，配置相當船員、設備、及供應，並使貨艙冷藏庫室及其他裝貨部份適合於受裝、運送、保藏貨物者外，因船舶未具航海能力所致或引起之喪失，毀損，運送人或船舶不負賠償責任。

因船舶未具安全航海能力所致，或引起之喪失，毀損，運送人或其他主張依據本款規定免除責任者，負舉證責任，證明其已盡相當之注意。

㈡因下列事項之一所發生，或所致之喪失，毀損，運送人或船舶不負賠償責任。

1. 船長、船員、引水人或運送人之受僱人，因航行或管理船舶之行為過失或失職。

2. 失火，但因重大過失或運送人知情者，不在此限。

3. 海上或航路上之危險，或意外事故。

4. 天災。

5. 戰爭。

6. 公共敵人之行為。

7. 統治者或人民之拘捕或管制，依法沒收。

8. 檢疫限制。

9. 託運人或貨物所有人或其代理人代表人之行為，或不行為。

10. 不論何工原因全送一部之罷工，摒出工人之行為或停工，怠工，但本項不得解作免除運送人因自己之行為，應負之責任。

11. 暴動及民眾騷擾。

12. 救助或意圖救助海上生命或財產。

13. 散裝貨或分量之耗損，或其他因貨物之內在瑕疵性質，所致之喪失或毀損。

14. 包裝不固。

15. 墨碼不足。

16. 雖用相當注意仍不能發現之隱藏瑕疵。

17. 非由於運送人之重大過失及知情，及運送人之經理

人，受僱人之過失或不注意所致之一切原因；但舉
證責任應由主張免除責任者負之，以證明運送人並
無重大過失或知情，運送人之經理人或受僱人亦無
過失或不注意，致生滅失或毀損。

㈢非由於託運人，或其經理人、受僱人之行為過失不注
意所致運送人或船舶受有損害，託運人不負賠償責任。

㈣為救助或意圖救助海上生命財產，變更航程，或其他
合理的變更航程不得認為違背或違犯本條例之規定，
或運送契約因而發生喪失毀損，運送人不負賠償責任。
但變更航程之目的，為裝卸客貨，應認為非合理之變
程。

㈤除貨物之性質價值於裝載前，已經託運人聲明，並在
提單註明者外，運送人或船長對於貨物之滅失，毀損，
其賠償責任以每包不超過美金五百元為限，貨物非以
包裝者，依照一般裝貨單位或以同價值之他種貨幣計
算，前項限額，經在提單上記明者，有表面上之證據
力，對於運送人非有絕對證據力，運送人船長或運送
人之代理人得與託運人約定高於第一限額之最高額，
但不得低於第一項規定之限額，無論如何運送人之賠
償責任，以實際損害數額為限。

貨物之性質價值，因託運人之故意或詐術，誤報於提
單上者，運送人或船舶，對於貨物之滅失，毀損，或
因運送所致之喪失、毀損，不負賠償責任。

四、**散裝貨**：美國海上貨物運送條例第十一節明文規定：

散裝貨重量，係依照商業習慣，由運送人或託運人以外之第三者所確定或承認之重量，記明於提單者，不論本條例有否相反之規定，不得認作運送人已依照提單記明之重量，收受貨物之表面之證據，亦不得認作託運人對於裝貨時貨物之重量保證其正確。

第四節　一九七一年英國海上貨物運送條例

一、定義：英國海上貨物運送條例第一條規定：

本公約內用語之意義如左：

㈠「運送人」包括與託運人訂立運送契約之船舶所有人或傭船人。

㈡「運送契約」僅指以載貨證券或有關海上貨物運送之同性質之權利文件所為之運送契約；包括依照傭船契約所簽發之載貨證券或上述之同性質文件，但自是項載貨物證券或同性質管制運送人與該證券或文件持有人間之關係之時起算。

㈢「貨物」包括物品、製造品、商品及除有生命的動物暨依運送契約裝載於甲板上並如此載運貨載以外之各種物件。

㈣「船舶」指用於海上運送貨物之任何船舶。

㈤「貨物運送」包括自貨物裝載上船至貨物自船舶卸載之期間。

二、說明：英國海上貨物運送條例第三條規定：

㈠運送人於發航前及發航時，應就左列事項為必要之注意：

  1.使船舶有堪航能力；

  2.適當配置船舶之海員、設備及供應；

  3.使貨艙、冷藏室及所有供載運貨物之船舶其他部分，就貨物之受載、運送及保存，為適宜並穩妥。

㈡除第四條另有規定者外，運送人應適當並注意地裝載、搬移、運送及保管、看守並卸載所承運之貨物。

㈢運送人或船長或運送人之代理人收受貨物後，因託運人之請求，應發給載貨證券。該載貨證券載明之事項中應包括：

  1.為識別貨物所必要之主要標誌應與託運人於裝載開始前提供者相同，但以是項標誌係印於或以其他方法明確顯示於未經包裝之貨物之箱皮或包皮上，並能保持清晰易辨直至航行終了者為限；

  2.依其情形，託運人書面所提供之包或件之個數、或分量或重量；

  3.貨物之外表情況狀態。

但運送人、船長或運送人之代理人有正當理由，對於任何標誌、個數、數目或重量，疑其與實際收受之貨物有不正確者，或無合理之方法予以核對者，得不予載明於載貨證券。

㈣此項載貨證券應作為依照前節1.2.及3.三項所記載之貨物已經運送人收受之表面證據。但載貨證券已轉入

善意第三人者，不得提出反證。

㈤託運人應視爲已向運送人保證其所提供之標誌、個數、數目或重量在裝運時之正確。託運人並應賠償運送人因是項提供項目之不正確所致或所生之一切損失、損害及費用。

前項運送人請求賠償之權利，不得用以限制運送人依運送契約對託運人以外之其他人所負之責任及義務。

㈥除非滅失或損害及滅失或損害大概性質之通知，於貨物移轉於依照運送契約有受領權人保管之下以前或當時，或於三日內如滅失或損害爲不顯著者，以書面送達運送人或其在卸載港之代理人，則是項移轉應爲運送人已依照載貨證券記載交付貨物之表面證據。

如貨物之情況於受領時業經共同檢驗及檢查者，書面通知可不必爲之。

除本項所增第二項補充規定外，自交貨日或應交貨日起一年內倘不提起訴訟，運送人及船舶在任何情況下均應免除對貨物之一切責任，但於起訴之事由發生後，此一期間如經當事人同意得予延長。

貨物實際有或疑有滅失或損害者，運送人及受貨人應各予他方以檢查及查點貨物之便利。

補充條文

前項所規定之一年期限屆滿後，倘未超過審理本案之法院允許之期間者，仍得向第三人要求損失賠償。但法院所允

許之期間，自要求賠償人對其要求已經獲得解決或被傳訊之日起計算，不得少於三個月。

㈦貨物裝載後，運送人、船長或運送人之代理人，因託運人之請求，發給託運人之載貨證券，應爲一「裝船」載貨證券。但如託運人已事前取得是項貨物之任何權利文件者，託運人應將此項文件繳還以換取「裝船」載貨證券。此際，依運送人之選擇，此項權利文件得於裝運港由運送人、船長或其代理人，將業經裝載該貨物之船名、裝載日期加以註明；此項權利文件若經如此註明，如並載明第三條第三節所述之事項，應就本條之目的視爲已構成一「裝船」載貨證券。

㈧運送契約內任何條款、條件或約定，免除運送人或船舶因疏忽、過失或本條所規定貨任及義務之未履行所生對於貨物或與之有關之滅失或損害之責任者，或於本公約規定之外限制上述責任者，均屬無效。保險契約利益歸屬於運送人或類似之條款應視爲免除運送人責任之條款。

三、免責事由：依英國海上貨物運送條例第四條規定：

㈠因船舶無堪航能力所生或所致之滅失或損害，除係由於運送人方面欠缺必要之注意，未依第三條第一項之規定，使船舶有堪航能力，確使船舶配置以適當之海員、設備及供應，並使貨艙、冷藏室及所有供載貨物之船舶其他部分就貨物之受載、運送及保存爲適宜並穩妥者外，運送人或船舶均不負責任。因船舶無適航

性致有滅失或損害時，運送人或其他人依本條規定主張免責者，應就已爲必要注意之事實，負舉證之責。

(二)因左列事由所生或所致之滅失或損害，運送人或船舶均不負責任：

　1.船長、海員、引水人或運送人之受僱人於航行上或船舶管理上之行爲、疏忽或過失。

　2.火燒，但係由於運送人之實際過失或知情者不在此限。

　3.海上或其他可供航行水面之危險或意外事故。

　4.天災。

　5.戰爭行爲。

　6.公共敵人之行爲。

　7.君主、統治者或人民之拘捕或管制或依法律程序之扣押。

　8.檢疫限制。

　9.託運人或貨物所有人或其代理人或代表之行爲或不行爲。

　10.罷工、停工、勞動之中止或限制，不論其由於何原因，亦不論其爲局部或全面者。

　11.暴動及民變。

　12.救助或意圖救助海上人命或財產。

　13.因貨物之固有瑕疵、性質或缺點所發生之體積或重量之消耗或其他滅失或損失。

　14.包裝不固。

15.標誌不充足或不適當。

16.經充分注意仍不能發現之隱有瑕疵。

17.非因運送人之實際過失或知情，或非因運送人之代理人或受僱人之過失或疏忽，所生之其他事由；但主張本款免責之利益者，應負舉證之責，證明滅失或損害既非歸因於運送人之實際過失或知情，亦非歸因於運送人之代理人或受僱人之過失或疏忽。

㈢運送人或船舶所受之滅失或損害非由於託運人、其代理人或其受僱人之行為、過失或疏忽所生者，託運人不負責任。

㈣為救助或企圖救助海上人命或財產之變更航程，或任何合理之變更航程，不得視為本公約或運送契約之違反或破裂；因此所致之任何滅失或損害，運送人不負責任。

㈤除非託運人在交運前已經宣佈此等貨物之性質與價值並將其註明載貨證券內，運送人或船舶對於貨物發生滅失或毀損所負責任，在任何情況下，每一包數或件數不得超過相當一〇、〇〇〇法郎之金額，或每公斤不得超過相當三十法郎之金額。

㈥可收回金額之總數應參照依據契約卸載或應必須予以卸載之時間或地點，而計算該項貨物之價值。

貨物之價值，應依據商品交易價格；如無商品交易價格應依據當時市價；如無商品交易價格，亦無當時市價，則應參考同類品質之其他貨物確定之。

㈦為固定貨物而使用貨櫃、貨架或類似之運送容具時，載貨證券內所列裝在此等運送具內之包數或件數之數目，應視為本款所指之包數或件數之數目，但上述之運送容器被認為包數或件數時，不在此限。

㈧每一法郎係指一個單位含有黃金重量六五・五公絲，其成色為千分之九百，判歸金額換算本國通貨之日期依審理本案法院之法律規定。

㈨如經證明損害係由運送人出諸造成損害之故意或不注意，並明知其能發生損害所為之行為或不行為所致者，運送人及運送船舶不得享受本款所規定責任限制之利益。

㈩本款第㈠項所規定之聲明，如經記載貨證券之內，乃為表面證據，但對運送人並無約束性或決定性。

(十一)運送人，船長或運送人之代理人及託運人之間可協議訂定本款第㈠項所規定以外之其他最高限額，但所定之最高限額，不應低於該項所規定適當之最高限額。

(十二)如託運人在載貨證券中故意誤記貨物性質或價值，運送人及船舶無論在任何情況下對其貨物或有關之滅失或毀損均不負責任。

(十三)貨物具有易燃性、易爆性或危險性，如運送人、船長或運送人之代理人知悉其性質或特性即不同意予以裝運者，得於卸載前任何時間，在任何地點，予以起陸，或予以毀滅，或使變為無害，而不負賠償責任。所有因此項貨物之裝運或間接所生或所致之損害及費用，

託運人並負賠償之責。若此類貨物，其性質係經知悉，經同意予以裝運者，對於船舶或其貨載有危險時，運送人仍得於任何地點予以起陸，或予以毀滅，或使變爲無害，運送人除係由於共同海損者外亦不負賠償責任。

第四條補充條文

㈠關於運送契約內所載貨物之滅失或毀損，向運送人提出之任何訴訟，無論在合約中或在侵僱行爲內有根據與否，本公約所規定之抗辯及責任之限制均可適用。

㈡倘此項訴訟行爲係對運送人之受僱人或代理人起訴（該受僱人或代理人非獨立之契約人），該受僱人或代理人得引用本公約內運送人應得之抗辯及責任限制。

㈢自運送人及該等受僱人與代理人所可收回金額之總額，不得超過本公約所規定之限額。

㈣但如經證明損害係受僱人或代理人出諸造成損害之故意或不注意，並明知其能發生損害所爲之行爲或不行爲所致者，該受僱人或代理人不得引用本條之規定。

第五節　日本國際海上貨物運送法

一、定義：日本國際海上貨物運送法第二條規定：

㈠本法所謂「船舶」係指商法（明治三十二年法律第四十八號）第六百八十四條第一項規定之船舶而言，但

同條第二項之「舟」除外。

㈡本法所謂「運送人」係指從事前條運送之船舶所有人、船舶承租人及傭船人而言。

㈢本法所謂「託運人」係指委托前條運送之傭船人及托運人而言。

二、關於貨物之注意義務：日本國際海上貨物運送法第三條：

㈠運送人對於自己或其使用人就貨物之接受、裝載、推存、運送、保管、卸載及交貨因怠於洋意所生貨物之滅失，毀損或遲到，應負損害賠償責任。

㈡前項規定，不適用於船長、海員、引水人及其他運送人之受僱人因關於航行或管理船舶之行為或船舶火災（基於運送人之故意或過失所發生者除外）所發生之損害。

三、免責規定：日本國際海上貨物運送法第四條明文：

㈠運送人非證明已盡前條之注意，不得免除同條之責任。

㈡運送人證明下列事實及貨物之損害係因其事實而通常能發生時，得不受前項規定之拘束，免除前條責任。但經證明如盡同條注意即能避免其損害，而並未盡其注意時不在此限：

　1.海上或其他航路上特有之危險

　2.天災

　3.戰爭、暴動或內亂

　4.海盜行為，其他類似行為

四、載貨證券之作成：依日本國際海上貨物運送法第七條規定：

㈠載貨證券應記載下列事項（受取載貨證券時第七款及第八款除外）並由運送人、船長或運送人之代理人簽名或記名蓋章：

　1.貨物之種類

　2.貨物之體積或重量或包裝或個數及貨物之標誌

　3.由外部所識別之貨物狀態

　4.託運人之姓名或商號

　5.受貨人之姓名或商號

　6.運送人之姓名或商號

　7.船舶之名稱及國籍

　8.裝載港及裝載之年月日

　9.卸載港

　10.運費

　11.作成數份載貨證券時其份數

　12.作成年月日

　與受取載貨證券交換，請求發給裝載載貨證券時，得在其受取載貨證券上記載完成裝載之文義，並簽名或蓋章，以代裝載載貨證券。此時，應記載前項第七款第八款之事項。

五、託運人之通知：依日本國際海上貨物運送法第八條之規定：

㈠前條第一項第一款及第二款所列事項，如托運人以書

面通知時，應依其通知記載之。

㈡前項之規定，於有充分理由相信同項通知非正確者及
無適當方法確認同項通知為正確者，不適用之。關於
貨物之標誌，其表示非保留至貨物或其容器或包裝於
航海終了時尚能判明者亦同。

㈢託運人對於運送人應擔保第一項之通知為正確。

第六節　大陸海商法

一、承運人之責任：依大陸海商法第四十六條之規定—
承運人對集裝箱裝運的貨物的責任期間，是指從裝貨港
接收貨物時起至卸貨港交付貨物時止，貨物處於承運人掌管
之下的全部期間。承運人對非集裝箱裝運的貨物的責任期間，
是指從貨物裝上船時起至卸下船時止，貨物處於承運人掌管
之下的全部期間。在承運人的責任期間，貨物發生失火或者
損壞，除本節另有規定外，承運人應當負賠償責任。

前款規定，不影響承運人就非集裝箱裝運的貨物，在裝
船前和卸船後所承擔的責任，達成任何協議。

二、提單記載：大陸海商法規定於第七十五條—
承運人或者代其簽發提單的人，知道或者有合理的根據
懷疑提單記載的貨物的品名、標誌、包數或者件數、重量或
者體積與實際接收的貨物不符，在簽發已裝船提單的情形下
懷疑與已裝船的貨物不符，或者沒有適當的方法核對提單記
載的，可以在提單上批注，說明不符之處、懷疑的根據或者

說明無法核對。

第七節　臺灣海商法

一、現行條文：臺灣現行海商法第九十八條規定——

載貨證券，應載明左列各款事項，由運送人或船長簽名：

㈠船舶名稱及國籍。

㈡託運人之姓名、住址。

㈢託運人書面通知之貨物種類、品質、數量、情狀，及其包皮之種類、個數及標誌。

㈣裝載港及目的港。

㈤運費。

㈥載貨證券之份數。

㈦填發之年月日。

前項第三款之通知事項，如與所收貨物之實際情況有顯著跡象，疑其不相符合，或無法核對時，運送人或船長得不予載明。

二、海商法五十四條修正草案：爰參照一九六八年海牙威士比規則第三條第四項於增訂第三項——

載貨證券，應載明左列各款事項，由運送人或船長簽名：

㈠船舶名稱。

㈡託運人之姓名或名稱。

㈢依照託運人書面通知之貨物名稱、數量、或其包裝之種類、個數及標誌。

㈣裝載港及卸貨港。

㈤運費交付。

㈥載貨證券之份數。

㈦填發之年月日。

前項第三款之通知事項，如與所收貨物之實際情況有顯著跡象，疑其不相符合，或無法核對時，運送人或船長得不予載明，或在載貨證券內載明其事由。

載貨證券依第一項第三款為記載者，推定運送人依其記載為運送。

第四章　案例解析

第一節　案例事實介紹

　　緣有 A 等四家保險公司共同承保甲公司自美國進口之散裝穀物，經委由 B 船公司承運，該貨輪來臺先後停靠於基隆、高雄兩港卸貨，嗣後發現貨物短少二百多公噸，A 等四家保險公司按保險金額比例計算短少價值賠付甲公司後，依保險法第五十三條規定，取得代位求償權，據此向法院起訴請求運送人 B 船公司負損害賠償責任。惟因當時國內學者、實務見解紛歧，因此引發相當大之爭議，國內散裝貨之運送人暨託運人間更是對此爭論不休，相互攻擊。

第二節　攻防方法之解析

一、運送人船公司之主張：

㈠散裝穀物於美國裝載時，乃以真空吸穀機吸入船艙，並照容積與比重換算計重。迨運抵臺灣，於目的港基隆及高雄分別卸載時，又係以抓斗卸貨，改包過磅。裝卸兩地之計量方法既有不同，穀物之重量自難期一致。

㈡據高雄港務局棧埠管理處函復磅差發生之原因，復有
　⑴地面不平，麻袋搬上搬下移動磅秤位置。⑵磅尺上
　的塵埃穀屑，影響其準確度。⑶工人未等磅尺完全穩
　定即搬下諸因素。故改包過磅及磅秤本身之差誤，過
　磅人員之疏忽，乃至水份之蒸發，抓斗之散落等原因
　而生損耗，乃理所當然。

㈢最高法院六十七年第四次民庭總會決議第五項足徵散
　裝穀物之海上運送，發生自然損耗之現象，在商務習
　慣以及經驗法則上，均屬無可避免。

㈣系爭之本件小麥運送，自美國裝載，直航臺灣，中途
　既未開艙，又未發生危難，則卸載之重量，較之載貨
　證券記載之重量，縱有短少，揆諸前述最高法院之民
　庭總會決議，除依海商法第一百零七條應為之注意及
　處置有所欠缺所致者，運送人就自然損耗範圍內短少
　之重量，自不負賠償責任。

㈤散裝穀物海上運送之自然損耗率，參之交通部交航66.
　字第○二一四一號函，及司法行政部印行之商事習慣
　調查研究，為實載噸數扣除百分之三，此自可為審判
　之參考。

㈥民國三十二年糧食部公布之糧食倉儲及運輸損耗率計
　算規則，乃依當時內陸倉儲、運輸、裝卸、衡量設備
　而訂定，自不適用於現時海上運送。

㈦「商事習慣調查研究」一書，僅屬析理之參考，其自
　然損耗之點，既與前述交通部之函件內容相吻合，殊

無訊問作者之必要。微量之自然損耗，既為無可避免
之事實，已見前述。所請傳訊東亞公證有限公司，國
際公證有限公司負責人，及函臺灣區麵粉工業同業公
會，調查歷年進口小麥卸貨情況，尤屬無此必要。

㈧依度量衡施行細則59.，其「公差」若於千分之五以內，
則不須負責。

㈨至於散裝貨物之重量，係於裝載港經公證公司公證，
運送人據其公證結果，記載據某公證公司告稱者，依
據美國海上貨物運送條例第十一節，英國海上貨物運
送法第五節，相同之規定：「散裝貨重量，係依商業
習慣由運送人或託運人以外之第三者所確定之重量，
經記明於提單上者，不論本條例有否相反之規定，不
得認作運送人已依照提單之重量收受表面之證據，亦
不得作為託運人對於裝貨時貨物之重量保證其正確。
」我國海商法雖無類此規定，惟此項「國際航運慣例
」，於我國法律既無牴觸，依海商法第五條，民法第
一條之規定，自亦可予適用，運送人應可依其載貨證
券上之此項記載，對抗受貨人。

二、託運人之主張：

㈠系爭散裝貨在美國裝船時確經官方實際稱重，而貨物
運抵基隆及高雄卸載時係以真空吸穀機直接自船艙經
電磅稱重後吸入穀倉，與裝貨程序反方向進行而已，
此為本省港口標準作業方式，卸貨時由中美檢定行有
限公司、華商公證股份有限公司共同檢定時作成之檢

定報告書並經記載「散裝小麥藉由穀倉電動吸管運經
自動稱上過磅卸於穀倉」甚詳,非為「抓斗卸貨,改
包過磅」。

㈡系爭小麥卸貨既以電動吸管作業,則高雄港務局函覆
磅差發生之原因縱為實在,本件既非改包過磅,該函
所陳自不能適用於本件,從而所謂原判決認定損耗出
於「磅秤本身之差誤」「過磅人員之疏忽」「抓斗之
散落」等原因,顯屬誤認事實。至水分之蒸發乙節,
經查系爭小麥裝卸時均經中美官方抽驗小麥所含水分,
兩相比較結果,貨物抵達本省時水分顯有增加,計算
得知系爭小麥抵臺時因水分增重,此為進口小麥共通
現象,則系爭小麥短少率達百分之一點八八九五一至
一點七四五六間,此項主張何以不足探,中美官方之
資料有否欠缺,原判決均未說明理由,空言水分之蒸
發乃理所當然,其經驗法則亦有未當。

㈢最高法院六十七年第四次民庭總會決議第五項固為指
示自然耗損及磅差等所致之損失,運送人應不負賠償
責任,惟實際上有無自然損耗及磅差情形,事實審法
院自應就證據而為調查,原判決逕依該決議即認自然
損耗為無可避免,亦不問所謂無可避免,亦不問所無
可避免之幅度如何,將系爭小麥所有之短少均羅織在
內,顯為率斷。

㈣系爭小麥自美國裝載是否直駛臺灣,有無發生危難,
未據被上訴人舉證以實其說,而抵臺後分別在基隆、

高雄二港卸載，原判決竟猶爲謂「中途既未開艙」，則事實尚未明瞭，其所作法律判斷已嫌草率無據。

㈤原判決以交通部函及司法行政部印行「商事習慣調查研究」，任爲自然耗損率爲實載噸數扣除百分之三，立論有欠牽強，按交通部爲上訴人業務主管官署，立場偏頗，亦未指出具體根據，且並非司法機關，原審法院不容妄自菲薄，而「商事習慣調查研究」第五〇六頁所載散裝貨有百分之三至五之水分及燃料之損耗，其眞義如何，有待調查，且該書所據原始資料已變更損耗率爲千分之二至五。

㈥民國三十二年七月糧食局公佈「糧食倉儲及運輸損耗率計算規則」，因係依舊時內陸之倉儲、運輸、衡量設備而訂定，不適用於現時海上運送；惟自然耗損是否存在及其幅度若干，該規則自有可供斟酌之價值，從而應比較：

⑴該規則公佈於民國三十二年七月間，該時承擔運送任務之輪船，其運送倉儲之設備與技術，難以強求，且時移勢異，科技經過三十年之進展，又何能相題並論？是以今日之情況，運送之損耗應遠低於往昔而進於可完全避免之境界。

⑵海上運送少有停靠港口，貨物過橋之情事，而海上濕度大，穀物非惟無蒸發之可能，且吸濕之特性，而內陸運送，氣候變化大，停靠碼頭之時機較多，損耗因而有大大增加之虞。

故將本件與往昔內陸運送之情況相較，現今海上規則所示之損耗率為低方符經驗法則，而依規則所示小麥損耗率為千分之六，散裝者增加百分之二十亦不過千分之七點二，然本件短少率高達千分之十七以上，顯不得完全歸責於自然耗損，況上開規則第八條明定：「糧食收交倉儲運輸均以無損耗為原則」，亦無承認自然耗損之餘地。

㈦散裝貨運送短少賠償問題，攸關國際信譽及國內民生，尤其法院威信更待建立，茲事體大，法院自應謹慎從事，法院既以自然耗損為判決基礎，則自然耗損之有無及範圍非經詳為調查無法明瞭，如以莫須有為理由，實不足以昭折服。

第五章　臺灣法院判決及最高法院決議之探討

第一節　法院判決之對照

緣民國六十年代中期，即六十七年第四次民庭庭推總會作成六項決議前，法院實務對類此散裝貨運送責任之問題並無統一見解，多次作出矛盾判決，各據其說，令人無所適從，茲彙整選錄若干於後，以資比對：

壹、運送人勝訴之案例：

1.六十六年臺上字第二九七一號判決

　　本件小麥在美國港口上船時，係以吸麥機吸入船艙，再以歐利輪吃水深度計算其重量，故於載貨證券除記載公噸數量外，並記載「據報重計」，「託運重量……不明」。且載貨證券記明其容量「蒲式耳」，顯係根據第三人稱量之數額而予填載，運送人或其船長對於大宗散裝貨物又無精密之測量儀器為核對，自難使負其正確性之保證責任。

2.六十七年臺上字第一五六號判決

　　(1)系爭小麥，在美國裝載時，係以吸穀機吸入船艙，而以容積換算比重，告知運送人，記載於載貨證券

上。運送人乃於載貨證券上，就重量記以「據稱」字樣。迨小麥出船進艙時，則改以虹管經電磅秤量輸入艙；與裝載時之計算方法不同，或增加或減少，本難期其正確。而目前散裝貨輪，並無核對重量之機具，卸載穀物，均由碼頭以多台自動磅秤稱重，每台磅秤誤差數及翻磅差數，亦不相同。故每船次之穀類進艙，均發生或多或少之情形，形成與艙單報進數量不一之現象。

(2)關於小麥濕損部分，系爭小麥濕損部分，發生損害，應歸責於輪船公司，顯而易見。保險公司代位訴求輪船公司照數賠償並加給法定利息，於法即非無據。

貳、運送人敗訴之案例

1.六十四年上字第二十四號判決

本件被上訴人謂系爭玉米，於裝載時即已有短缺，縱令屬實，其原可拒予載明裝載數目或依實際情形記載，其仍予記載為據告稱五○○○公噸，對受貨人之被上訴人員短缺數目之賠償責任，已無疑義。

2.六十四年上字第三二四號判決

臺灣對外貿易日益發達，國際間之貿易大多以信用狀付款，賣方將貨物交付運送人後，即可憑運送人簽發之載貨證券向押匯銀行領取價款，而買方則必須按載貨證券所載數量付款，如運送人不必依其簽發之載貨證券記載數量負責交付與買方，而須由買方自行向國外之賣方交涉索賠，顯是妨礙國際貿易之正常發展，

是受貨人持有載貨證券，即有向運送人請求交付券載
數量之貨物權利。

3.六十六年台上字第一○八號判決【運送人不得以載貨
證券記載「據告稱重」而對受貨人主張免責】

上訴人雖謂此九千公噸為散裝，不易秤量，係據託
運人報稱（Said to be）之約數為記載，但依海商法
第九十八條第二項規定，託運人交運貨物種類、品質、
數量之通知，如與所收貨物實際情況有顯著跡象，疑
其不相符合者，或無法核對時，運送人或船長得不予
載明，茲既已載明，當無不符合或無法核對之情形，
即不能謂九千公噸為約數，又民法第六百二十七條所
謂運送人與提單持有人間，關於運送事項，依其提單
之記載，依海商法第一百零四條，準用於載貨證券，
上訴人所謂穀類在運輸上之損耗，在本件載貨證券上
既無記載，而交付載貨證券，其交付就物品所有權移
轉之關係，與物品交付有同一之效力，即有物權上效
力（民法第六二九條），上訴人不能以其與託運人裕
成公司間之運送契約，關於損耗之約定，對受貨人之
龍昌公司有所主張，而自九千公噸內扣除。

第二節　最高法院對散裝貨賠償責任決
議之評論

茲就最高法院六十七年四月二十五日第四次民庭庭推總

會決議內容之評論如左（註一）

一、決議第一項「本題事件中載貨證券在外國簽發，行爲地在外國，應屬涉外事件。」

依學者通說，凡事件之當事人、行爲地或標的物三者有一具備外國因素，而構成涉外關係時，即應認爲涉外事件，就我涉外民事法律適用法整體觀察，亦可得相同之結論，故本項決議自屬正確，惟未對其所以獲此結論之理論依據及問題實質，加以闡明，不無遺憾。

二、決議第二項「(1)載貨證券附記『就貨運糾紛應適用美國法』之文句，乃單方所表示之意思，不能認係雙方當事人之約定，尙無涉外民事法律適用法第六條第一項之運用。(2)依涉外民事法律適用法第六條第二項『當事人意思不明時，同國籍者依本國法』。保險公司代位受貨人憑載貨證券向運送人行使權利，受貨人與運送人雙方均爲中國人，自應適用中國法。託運人在本事件訴訟標的之法律關係，並非當事人，其準據法之確定，要不受託運人不同國籍之影響。」

此項決議值得商權之處有以下數點：

1.依學者通說，載貨證券之功用有三：(1)表彰貨物所有權之有價證券。(2)運送契約之證明文件（當事人如未另訂運送契約，載貨證券即應認有運送契約之作用）。(3)運送人收到承運貨物並已裝船之證明文件。就第二項功用而言，運送人及載貨證券持有人

間，關於運送事項，一以載貨證券之記載為準）（海商法第一百零四條、第一百八十一條、民法第六百二十七條）。載貨證券，依海商法第九十七條規定，雖僅由運送人或船長於貨物裝載後，因託運人之請求而簽發，託運人並未在其上簽名，惟託運人收受後，如無異議，即應認已同意載貨證券所記條款；如不同意，或發現雙方協議條款，未見諸載貨證券，儘可能要求運送人或船長更正，甚或解除契約取回託運之貨物，否則，除其所記條款有違強制或禁止規定或違反公序良俗外，不得謂無拘束雙方當事人之效力，再者，載貨證券之由運送人或船長單方簽發，乃因海運商務習慣之偶然結果，亦即此一合意方式的基礎，係由習慣而生，並非其本質使然。本項決議稱「載貨證券之記載，乃單方意思表示，不能認係雙方當事人之約定，似非的論。」

2. 前述第一項決議，既認本事件具有涉外因素（載貨證券在外國簽發），於此又謂「受貨人與運送人雙方均為中國人，自應適用中國法，託運人在本件訴訟標的之法律關係，並非當事人，其準據法之確定，要不受託運人不同國籍之影響」，前後理論，相互矛盾。

3. 保險公司行使代位權時，首應確定保險公司是否有代位權，即應按保險契約定其準據法，亦即，若保險契約有準據法之約定，則依該準據法認定保險公

司代位權之有無；反之，若無約定準據法，則應依
我涉外民事法律適用法第六條第二項之準據法決之。
於確認保險公司有代位權後，再就其代位行使之受
貨人權利定其準據法。按載貨證券經運送人或船長
簽發交給託運人後，其債之關係，即已存在於運送
人與託運間，受貨人嗣後自託運人受讓其權利，亦
不能一變而為原始契約當事人，我涉外民事法律適
用法為使原有債之關係保持確定，以免原債務人及
其他第三人之利益，因債權人變更而受影響，乃於
第七條規定：「債權之讓與，對於第三人之效力，
依其原債權之成立及效力所應適用之法律。」易言
之，受貨人與運送人間之法律關係，應以託運人與
運送人間之法律關係所適用之準據法，當亦受託運
人國籍之影響。準此而論，本項決議，尤欠妥適。

三決議第三項「載貨證券係由運送人船長單方簽名之證
　券，其有關仲裁條款之記載，尚不能認係仲裁契約，
　故亦無商務仲裁條例第三條之適用。本項決議，在理
　論上有欠妥當，已見前述。」載貨證券所載仲裁條款，
　當事人均應受其拘束。

四決議第四項「我民法及海商法有關運送人責任之規定，
　既未將散裝貨之運送除外，於本題事件尚難謂無明文
　規定，應無依民法第一條規定適用習慣之餘地。」
　　臺灣海商法對於散裝貨載貨證券所為重量記載之證
　據力，並無如美國海上貨物運送條例第十一條之明文。

且散裝貨之重量既由第三人通知運送人，亦與臺灣海商法第九十八條規定由託運人通知之情形不同。如國際海運業者，確有該項關於散裝貨載貨證券重量記載證據力之慣例存在，則散裝貨之運送，似無適用臺灣海商法第九十八條第二項之餘地，應依民法第一條規定，認為臺灣海商法對於散裝貨運送人之責任既未明文規定，即應依國際商業習慣處理。如載貨證券列有散裝貨特別條款，更應從其約定。

五決議第五項「散裝貨之運送，運送人或船長於其發給之載貨證券，就貨物重量為「據告稱」或「據告重」之記載者，雖不能因此即謂其非為依海商法第九十八條第一項第三款所為之記載，惟在此情況下，自然損耗及磅差（包括載貨磅差及卸貨磅差）等足以導致重量不符之原因，既無法避免其發生。則卸載之重量，較之載貨證券記載之重量如有短少，而衡之一般情理，在某種範圍內之短少可認為非因運送人或其代理人、受僱人對於承運貨物之裝卸、搬移、堆存、保管、運送及看守，依海商法第一百零七條應為之注意及處置，有所欠缺者，運送人就該範圍內短少之重量，應不負賠償責任。」

　　按本項決議承認散裝貨之自然損耗及磅差，以減輕運送人依載貨證券應負之文義責任，此與英、美、加、日等國海上運送法規關於散裝貨運送人之責任所為規定，有殊途同歸之效果，固有足多。惟目前實務上所

認可之自然損耗率高達百分之三。另本項決議所依據之前司法行政部編印「商事習慣調查研究報告」其中所稱損耗，似非決議文中之損耗及磅差，本項決議引以爲據，亦有欠妥。

六決議第六項「至於載貨證券在貨物重量上附註「據告稱」或「據告重」等字樣之所憑資料，能否視作海商法第九十八條第一項第三款所指之託運人書面通知，以及卸載時由目的港公證公司會同雙方過磅稱量之各種記錄及報告，能否視作同法第一百條第一項第一、二款之受領人書面通知，則屬事實之認定問題，惟於認定時，不可拘泥於文書形式，而忽視其內容及行爲之實質意義。」

依英、美、加、日等國海上貨物運送之規定，載貨證券關於貨物重量所記「據稱重」或「據稱量」等字樣，有其法律上之特定意義，與我海商法第九十八條第一項第三款之託運人書面通知有所不同，顯非單純事實認定問題，本項決議認屬事實認定問題，有商榷餘地。

至於卸載時，由目的港公證公司會同雙方過磅稱量之各受領人之書面通知，誠屬事實認定問題，當由事實審法院，斟酌全辯論意旨及調查證據之結果，予以認定，本項決議此一部分見解，應屬正確。（註一）

【附　註】

註一　張特生「有關散裝貨損害賠償問題實務上見解之商榷」民事
　　　法律專題研究㈡第四○七頁。

參考書目　（依作者筆劃排列）

司玉琢主編　海商法詳論　人民交通出版社　八十四年十月一版

司法行政部編　最高法院國策暨海商判決選輯　六十八年十一月

司法行政部編印　英美海上貨物運送法釋義　六十七年六月

司法週刊編輯　民事法律專題研究㈡　七十三年八月

李義明　海上貨損理賠　交通部交通研究所編印　六十一年八月

吳昭瑩　法令月刊25卷11期　貨物運送人責任之免責事由

施智謀　海商法　三民書局　七十五年七月再版

桂　裕　海商法新論　國立編譯館出版　六十六年五月四版

張東亮　海商法新論　五南圖書出版公司　七十二年六月

張東曄主編　各國和地區海商法比較　人民交通出版社　八十三年六月一版

張春森　國際海運業務概論　徐氏基金會出版　六十二年三月再版

楊仁壽　航運法律論叢㈠、㈡　六十六年初版